AF234147

ESSAI

SUR

L'ORGANISATION DU TRAVAIL

PAR

CH. NEPVEU, Ingénieur civil, et **E. C.**, Avocat.

PARIS

IMPRIMERIE DE WITTERSHEIM,

8, rue Montmorency.

1848

ESSAI

SUR

L'ORGANISATION

DU TRAVAIL.

L'organisation du travail, le croirait-on, trouve encore des adversaires. Certaines personnes, quand on fait mine d'agiter devant elles cette matière, s'en épouvantent et s'en excitent, comme le fait un taureau d'un oripeau rouge. Sont-ils les restes de ce parti puissant que M. Lamartine flétrissait jadis du nom de bornes ? Quoi qu'il en soit, regimbant et luttant de tout leur pauvre esprit, ils tirent de ses profondeurs cet admirable syllogisme : on ne peut organiser que ce qui existe ; or, le travail n'existe plus : donc on ne peut l'organiser.

Argument irrésistible en effet ! Il n'y a pas de fleurs en hiver, donc il ne faut pas faire de botanique ! La comparaison est exacte et sérieuse. Pendant l'hiver la terre resserrée ne porte pas sa couronne de fleurs : sous les étreintes d'une révolution, la société ne peut offrir aux travailleurs son habituelle moisson.

Mais bientôt une saison meilleure lui rendra le développement des germes productifs, le travail renaîtra : ce sera comme le printemps de la République. Alors nous sentirons les bienfaits d'une constitution du travail, sagement combinée, et nous dirons que les théories ne sont pas inutiles à fonder en attendant qu'on en puisse faire l'application.

Travaillons donc, suivant nos forces à l'organisation du travail, comme à une œuvre d'intérêt public, n'acceptons pas ce vain prétexte qu'elle est une question insoluble. Elle n'est qu'une suite des travaux toujours difficiles, et toujours accomplis, imposés à l'espèce humaine, pour parvenir à sa perfectibilité.

Et d'abord, qu'on nous permette pour entrer nettement dans notre discussion, de procéder par voie d'exclusion. Il est bon d'en retrancher certaines parties qui s'y rattachent bien, mais dont nous ne voulons pas traiter : par exemple, l'éducation à donner au peuple, et le report des forces vers l'agriculture.

Il est évident que l'État doit aux travailleurs une éducation gratuite et professionnelle, et que les bras inutiles dans l'industrie doivent être reportés vers l'agriculture qui en manque, mais nous n'indiquons ces deux points que pour les laisser à la porte de la question qui nous occupe : on n'en pourra du reste tirer aucune objection contre nous. Ceci dit, nous revenons spécialement à ce qui fait l'objet de ce modeste travail.

La question de l'organisation du travail a été largement entamée par la proclamation d'un grand principe : — L'amélioration du sort des travailleurs par l'association. L'édifice a donc pour base une grande idée. Au moyen âge, l'idée, comme l'enseigne Michelet, creusait et ciselait la pierre des églises. De nos jours elle laissera dans l'institution du travail des traces profondes.

Mais il faut l'avouer, on n'a fait encore que poser le principe; la matière était trop neuve pour qu'on pût s'accorder sur une application immédiate. Une discussion ardente a donc soulevé les questions les plus graves. On en attend encore la solution.

Nous savons tous comment elles sont posées. Est-il nécessaire de donner une part du bénéfice au capital, pour l'attirer vers le travail? Faut-il admettre la hiérarchie des salaires? anéantir ou corriger la concurrence? Tels sont les problèmes sur lesquels sont penchés les hommes du jour.

Nous leur voudrions moins de génie et plus de patience : un esprit plus exact, et moins d'oubli de la nature humaine. Mais c'est le propre des révolutions socialistes ou politiques, de réagir violemment et à tout prix contre le passé.

Ainsi depuis deux mois le capital est traité en roi proscrit, comme si sa présence était inutile à l'État. Cependant on a démontré que sa disparition nous ramènerait aux temps antiques, où l'homme n'avait rien acquis, et semblait ne rien pouvoir acquérir.

Les philosophes socialistes, qui en conviennent, prétendent attirer le capital en lui offrant l'appas d'un intérêt très-fort. Mais ils ne songent pas que c'est pousser le capital dans la voie de l'usure. Ceci n'est qu'une première objection. Voici la seconde :

En ne donnant que l'intérêt au capital on lui ôte sa véritable position. En effet, quand le capital entre dans une entreprise il devient une force motrice, une cause coefficiente du succès. En même temps qu'il fait vivre les travailleurs il pourvoit à tous les besoins de l'entreprise, et la soutient après l'avoir créée. On peut donc le considérer lui-même comme un travailleur plus important tout seul que tous les autres. Or, il faut le traiter comme le travailleur le plus utile, c'est-à dire lui donner le salaire, qui sera pour lui l'intérêt légal pendant le temps du prêt ; et, en outre, un bénéfice, qui sera la part la plus considérable dans les travaux de l'entreprise.

En un mot, sous ce rapport, nous voudrions qu'on ne revint pas sur le passé, et qu'on laissât au capital sa position première de travailleur, le plus nécessaire et par conséquent le mieux rétribué.

Si ce système est peu fait au premier abord pour rencontrer des sympathies, qu'on veuille y songer : le capital doit être maintenu dans ses droits, il y va de l'intérêt général. Nous en donnerons deux raisons très-courtes.

1° Il est prouvé que le travail ne peut exister sans le capital, et que le capital ne peut lui-même se con-

server qu'en se renouvelant. Or, il ne se renouvel-
lera qu'en lui attribuant une large part dans les bénéfices.

2° Il court tous les risques dans l'entreprise, et
peut se perdre en un instant. Quels risques court le
travail? aucun, que de cesser quand le capital sera
englouti. Au plus menacé pendant le danger, appar-
tiennent les plus belles récompenses quand il est
passé. Notre glorieuse et récente révolution n'a-t-elle
pas consacré ce principe?

Ces motifs sur lesquels nous n'appuyons pas,
parce qu'ils ont été développés ailleurs, suffisent pour
démontrer la nécessité de laisser au capital ses avantages. — C'est ce que veulent le raisonnement et l'é-
quité.

Mais ce n'est pas la seule face de la question que
nous ayons à considérer. Il faut donner au capital un
rôle humanitaire, le forcer de partager le bénéfice
avec le travailleur, dans une proportion assez grande,
pour que leur vie quotidienne soit suffisante, pour
qu'ils abondent de secours contre la maladie et la misère ; pour qu'ils deviennent à leur tour capitalistes.
La propagation des lumières et de l'éducation en rendra les exemples de plus en plus fréquents; et si nous
arrivons à ce but général, nous croirons avoir fait
un grand pas dans l'amélioration du sort des travailleurs.

En effet, sans grands efforts, sans renversement,
sans rien ôter à ce capital d'une conservation si pré-
cieuse, que ses effronteries et ses vices, nous aurons
créé aux ouvriers une voie nouvelle vers une vie

matérielle meilleure. Nous aurons offert au travail, quel qu'il soit, une prime d'encouragement considérable : non pas que l'argent soit le meilleur des biens ; mais parce que mettre en fuite la misère c'est favoriser le développement du bien et de l'utile.

Nous verrons plus loin comment nous entendons faire l'application de ces idées. Un mot maintenant sur la hiérarchie du salaire et la conservation nécessaire de la concurrence. Depuis le 24 février 1848, tous les esprits se sont appliqués à mûrir ces deux questions importantes.

Quant à la hiérarchie des salaires, les socialistes la regardent, la plupart, comme une anomalie dans un gouvernement républicain, et prônent comme éminemment supérieure l'égalité des salaires, cette fille du désintéressement et de la fraternité.

Charmante idée ! mais les ouvriers, — ceux qui ne sont pas seulement ouvriers de la pensée,—les vrais juges en la cause, ne peuvent résoudre ainsi le problème. Ils pensent, et cette opinion s'exprime partout, dans la rue comme dans les assemblées de citoyens, que le travailleur le plus habile doit être aussi le mieux récompensé. Que les socialistes fassent donc précéder l'organisation du travail d'une nouvelle organisation de l'âme humaine, et leur théorie pourra trouver plus de prosélytes.

L'anéantissement de la concurrence, qu'ils ont proclamé, sera-t-il accueilli avec plus d'enthousiasme ? on a déjà vu, quand il s'est agi du capital, que nous n'aimons pas à détruire. En effet, la marche des idées est pour nous une œuvre progressive,

d'exclusion pour le mal, de conservation pour le
bien, mais sans retour violent, sans bouleversement,
et surtout sans aspiration prétentieuse à des utopies
divines. Nous n'avons pas le pouvoir de faire des
plans généraux, qui reforment l'humanité entière.
Restons dans les idées de détail, dont la pratique a
été commencée, surtout quand elles ont produit quel-
que bien-être nouveau à la société.

Or, la concurrence qui nous a été donnée par la
première révolution a, depuis cinquante ans, produit
de grands avantages ; conservons-là et ne faisons la
guerre qu'à ses abus ! Que la concurrence soit hon-
nête et loyale, que le salaire ne tombe jamais à un
taux tellement bas que la vie des ouvriers en souffre, et que le travail semble engendrer le mépris au
lieu de l'estime et de l'aisance ! enfin, règlementons
la concurrence, mais ne la détruisons pas !

Ce qui précède indique à quelles idées nous prétendons nous rattacher dans l'organisation du
travail. Comme les économistes, nous pensons
qu'elle ne peut exclure ni la concurrence ni la
hiérarchie des salaires, et qu'elle doit être fon-
dée sur le principe de l'association dans les bénéfices. Cette association, nous la voulons la plus
large possible, nous la créons indispensable entre le
capital et les travailleurs. Ainsi nul capital ne pourra
grouper autour de lui des travailleurs sans entrer
avec eux en compte pour les bénéfices. — Nul travailleur ne pourra emprunter de capital pour fonder
le travail, sans lui rendre sa part de bénéfices. Et
nous le répétons, cette mesure, en dehors de tout

intérêt personnel du capitaliste, doit avoir pour but,
1° de renouveler le capital, afin qu'il en existe toujours une quantité suffisante pour alimenter le travail; 2° de procurer au travailleur le plus grand
bien-être possible.

D'un autre côté, l'association entre travailleurs ne
sera jamais une nécessité, en ce sens qu'on ne s'y
soumettra que volontairement. Celui qui peut et veut
travailler isolément, pourra rester dans sa solitude.
Car la liberté de l'individu ne doit pas être restreinte
à ce point qu'on ne puisse plus travailler que par l'association. Les travailleurs conserveront donc à cet
égard la plus grande indépendance.

Ceci posé nous avons à examiner deux questions:
la première — comment nous concilierons le principe de l'association, dans le bénéfice, avec cette idée
première qu'il faut conserver au capital sa position
originaire; — la seconde, comment nous limiterons
la concurrence, de manière à lui ôter ses dangers
en lui laissant ses avantages.

Première question : étant donné que le capital est
le travailleur le plus puissant, comment attribuerons-
nous le bénéfice au capital et aux ouvriers?

Nous avons à observer une double règle; il faut,
d'une part, que les bénéfices accordés à l'ouvrier
soient assez considérables pour lui créer, au bout
d'un certain temps, des secours abondants contre la
maladie et la vieillesse, des subsides à sa famille,
s'il meurt au service de l'industrie; bien plus, un
capital à tout ouvrier probe et capable de devenir à
son tour industriel.

D'un autre côté, il faut viser à renouveler le capital, afin, abstraction faite du capitaliste, qu'il y ait le plus possible en France de capitaux, et par conséquent des éléments plus nombreux et plus abondants de travail.

Or, si nous partageons également le bénéfice entre le capital et les ouvriers, nous en ôterons une trop grande quantité au capital, qui ne s'augmentera pas ; et cependant ce ne sera pas un profit pour les ouvriers, car ce que nous ôterons au capital, divisé entre les ouvriers, ne produira pour chacun, suivant un calcul déjà fait, qu'une très-petite somme, dont la possession sera pour eux sans utilité.

En effet, chaque ouvrier n'obtenant divisément qu'une très-petite part de bénéfices, à moins de comprendre l'économie comme Francklin lui-même, il lui sera impossible d'en faire un emploi fructueux pour lui ou sa famille.

Notre but doit donc être d'ôter le moins possible au capital, dans l'intérêt même de l'ouvrier ; et nous soutenons que tout en paraissant donner peu à ce dernier, nous pouvons lui procurer les plus grands avantages possibles.

Il faudra seulement pour cela que les bénéfices attribués aux travailleurs soient réunis en une masse, dont l'emploi sera déterminé comme nous l'avons indiqué plus haut : secours contre la maladie et la misère ; — prêt d'argent aux travailleurs assez doués pour diriger eux-mêmes des entreprises.

Il suffirait alors que les ouvriers prissent un septième

du bénéfice net, — et par là, nous entendons le gain de l'entreprise, tous frais deduits ; — car en opérant sur des sommes minimes, et en supposant que le capital a produit dans une entreprise 1,000 francs de bénéfice net, le septième de 1,000 francs est 142 fr. 85 cent. Le capital verserait donc à la masse des bénéfices 142 fr. 85 c.

Or il se fait, comme on sait, pour 10 milliards de production par an en France ; mais ne comptons, si l'on aime mieux, que sur 6 milliards de production, ce qui est une diminution exagérée ; comme ils donnent 10 pour 0ʇ0 de bénéfices, on aurait 600 millions sur lesquels la caisse des travailleurs recevrait un septième : soit 85,714,285 fr. 71 c., somme qui s'augmenterait d'années en années, et deviendrait petit à petit plus que suffisante pour les besoins généraux des ouvriers.

C'est ainsi qu'en fixant aux ouvriers une part qui peut sembler petite, nous atteindrions notre double but : point de dépréciation du capital ; — soulagement et enrichissement de l'ouvrier.

Voilà comment nous comprenons que l'association du capital et du travailleur peut se réaliser. Il paraît difficile qu'un pareil projet soit dans le goût du jour ; car il ressemble un peu à ce que certaines gens appellent, dans leur fol entraînement, de la réaction. Mais nous ne jouons pas à la révolution, nous ne voulons que modifier, améliorer, suivant les indications du bon sens ; or, ne sera-ce pas une amélioration que de faire au travailleur un capital nouveau, sans que le capital principal s'attérisse, lui qui est à jamais l'avenir du pays?

La seconde question est celle-ci : comment règlementer la concurrence ? L'existence de l'ouvrier a été profondément atteinte par la diminution des salaires ; la production, par la falsification des produits; l'industrie, par des luttes inégales entre gros et petits capitaux. Nous arrêtons ces sources éternelles de catastrophes dans le commerce, par la *création d'un minimum dans le salaire ;*

L'introduction et l'emploi forcé dans l'industrie des marques de fabrique ;

Une surveillance active exercée sur le travail par une assemblée d'hommes probes et expérimentés.

Pour ces derniers, on conçoit aisément l'utilité de leur intervention : elle serait d'empêcher que la liberté de la concurrence ne dégénérât jamais en l cence ou en oppression.

La marque de fabrique est elle-même d'un emploi trop connu pour qu'on n'en comprenne pas l'importance : elle détruirait la falsification en donnant un moyen rapide de remonter à l'origine de la fraude.

Mais la création des salaires souffre plus de difficultés.

Nous entendons par là la détermination d'une somme au-dessous de laquelle ne pourrait descendre le taux du salaire.

On y fait une objection, c'est que le minimum du salaire pourrait être supérieur à la paie de l'ouvrier étranger ; dès-lors, le prix de revient à l'étranger étant moindre qu'en France, la production étrangère aurait sur la nôtre l'éternel avantage du bon marché.

On pourrait répondre que la question de préférence sera toujours subordonnée à la question de la supériorité des produits ; nous ajouterons qu'en effet le minimum du salaire, variable d'année en année, devra toujours être maintenu aux taux du salaire à l'étranger. Nous exceptons, toutefois, le cas où la paye des ouvriers non Français serait dimi-. nuée de manière à être insuffisante pour les faire vivre ; mais c'est là, dans l'industrie, un accident en même temps qu'un malheur social. Dans les temps ordinaires, le salaire quotidien qui pourvoit aux besoins de l'ouvrier étranger pourra suffire aussi au Français, car la vie est à peu près partout de la même cherté, dans les états qui peuvent rivaliser en industrie. Il n'y a donc aucun danger pour nos travailleurs à ce qu'on cherche là un criterium du minimum des salaires.

Du reste nous en soumettons la détermination aux circonstances, qui seront appréciées par une autorité supérieure ; aux intérêts des travailleurs, combinés avec ce que permettent les temps, les lieux et les nécessités de la vie humaine.

Telles sont les idées préliminaires auxquelles nous nous sommes rattachés dans cette importante question; traçons maintenant une rapide esquisse de notre projet.

Il s'agit de donner l'existence et la forme d'abord

à la caisse commune des travailleurs, puis à cette
surveillance continuelle des intérêts industriels. Nous
entrons ainsi dans une division nouvelle :

1° Organisation d'un conseil de prud'hommes ;

2° Organisation d'une banque industrielle, dans le
plus de centres d'industrie possible.

Nous parlerons en peu de mots de ces bases, et
des moyens d'en assurer le développement régulier.

1. Organisation des banques.

S'il est juste de donner aux travailleurs une part
du bénéfice qu'ils ont contribué à produire, il serait,
nous l'avons dit, d'une faible prévoyance de mettre
directement cette part entre leurs mains ; car l'emploi fait par eux-mêmes en serait peu profitable.
Nous avons ajouté qu'il serait plus sage d'en faire
une masse commune, applicable à la satisfaction des
besoins généraux.

C'est ainsi que nous avons conçu la pensée des
banques industrielles, composées d'abord des bénéfices gagnés par tous les ouvriers d'une industrie.
Nous entendons par industrie un groupe des métiers
qui se rattachent le plus entre eux. On réaliserait les
bénéfices des ouvriers par le versement d'un septième
des bénéfices du capital fait par lui aux différentes
banques, chaque année.

Nous avons établi plus haut par un calcul qu'en
supposant en France six milliards de production, et
dix pour cent de bénéfice, la somme versée au bout
de l'année aux banques serait de 85,714,285 fr. 71 c.
Nous avouons qu'elle serait d'abord trop peu impor-

tante pour suffire au besoin de tous, et pour fonder une banque dans chaque centre d'industrie; mais au bout d'un certain nombre d'années la somme s'accroîtrait et permettrait de multiplier le nombre des banques, suivant les besoins.

Les fonds distribués en deux sommes seraient employés, on le sait déjà, en deux parts. Nous insisterons sur la seconde, destinée au prêt du capital aux ouvriers. On n'exigera d'autre garantie de l'emprunteur que l'habileté réunie à la probité. Cette capacité serait appréciée par l'assemblée dont nous avons parlé, et nous pouvons dire dès à présent qu'elle serait tout simplement un conseil de prud'hommes. Ainsi, l'intelligence de l'ouvrier jointe à un travail consciencieux, lui procurera le capital, ce grand levier du commerce et de l'industrie. Il est bien entendu que devenu capitaliste et bénéficiant à son tour, il payerait à la banque l'intérêt du capital, plus un septième de son bénéfice annuel.

Le prêt du capital serait aussi consenti aux patrons que des circonstances de force majeure auraient ruinés dans une entreprise.

On n'admettrait, du reste, au titre d'entrepreneurs, que des hommes offrant des chances sérieuses de réussite. Le capital ne doit être compromis ni par trop de facilité ni par inadvertance.

Chaque patron ou capitaliste, chaque ouvrier sera porteur d'un livret. Celui du patron ou capitaliste indiquera les sommes versées à la banque des bénéfices; celui de l'ouvrier, l'indication de son entrée au chantier, à l'atelier, chez le patron enfin, puis de sa sortie, et du temps de travail effectué. Tout autre détail est inutile et sent la servilité.

Telles sont les premières fonctions de la banque industrielle. Il en est d'autres non moins importantes ; nous voulons parler du rôle qu'elle devra prendre dans la grave question du chômage. Si l'ouvrier chôme, faute d'ouvrage dans son industrie, il faut au moins qu'il trouve de l'argent pour vivre, et de l'argent qui lui appartienne. Car le travailleur est une âme noble, il ne doit rien qu'à lui-même, et s'il fait la charité, il a honte de la recevoir.

Comme il est rare qu'il puisse seul faire des économies, il faut que tous en fassent pour chacun. Il y a donc lieu à constituer dans ce but une autre caisse commune, dans les banques. Nous le ferons en prélevant sur le salaire de chaque ouvrier une modique redevance. Chaque semaine le travailleur verserait 25 centimes entre les mains d'un percepteur, choisi par le mode électif. Il y aurait un percepteur par commune, dans le rayon de la banque industrielle : il remettrait chaque huitaine les versements, faits par les ouvriers, à la caisse de la banque. On composerait ainsi, en peu de temps, un total assez considérable pour subvenir aux embarras du chômage.

Le percepteur serait aussi chargé de prendre à la banque tous les huit jours ou tous les mois les sommes d'argent à partager entre les ouvriers chômants.

On verrait alors se reproduire les mesures prises

dans certaines sociétés philanthropiques, en 1832 et 1833. Chaque ouvrier en chômage se rendrait chez le percepteur de la commune de sa résidence, lui déclarerait son état de chômage, et lui donnerait son livret à viser. Le percepteur lui indiquerait dans quelles maisons de travail il pourrait trouver à s'occuper. S'il en manquait, le fait serait constaté sur le livret de l'ouvrier que signerait le patron de la maison. L'ouvrier reviendrait alors chez le percepteur, et recevrait, sur l'examen de son livret, la somme quotidienne allouée aux chômants.

Ce mode simple et satisfaisant a pour base principale la preuve faite par l'ouvrier que le chômage n'est pas un prétexte à la paresse, et sauvegarde de toute manière la dignité du travailleur.

Chaque banque contiendra en outre un comptoir d'escompte, qui sera créé en faisant un appel à tous les citoyens ; car il est d'intérêt public de maintenir la circulation de toutes valeurs et effets de commerce. Le comptoir d'escompte faisant nécessairement des bénéfices, en versera le septième à la banque de secours et de prêt. Les conditions de l'emprunt sont les suivantes : il sera donné aux prêteurs d'argent un intérêt de quatre pour cent, plus deux septièmes du bénéfice comme dividende. Le capital sera remboursable à des époques déterminées.

Telles sont nos banques industrielles. Elles comprennent donc trois caisses ou bureaux : 1° Le bureau de secours et de prêt ; 2° Le bureau de chômage ; 3° Le bureau d'escompte.

Nous complèterons ce premier projet par l'organisation d'un conseil de **prud'hommes** dont nous
indiquons la base, les principes et les fonctions.

Organisation des Prud'hommes.

Nous voulons sous une forme antique, introduire
des éléments nouveaux. Si le nom du conseil ne
change pas, nous prétendons au moins l'animer lui-
même d'un esprit jeune et vraiment républicain, du
sentiment vivace de la fraternité.

Nous ne craindrons pas alors de commettre aux
mains des prud'hommes les intérêts des travailleurs,
patrons, ouvriers et capitalistes. Mais il faut que leur
cœur soit grand comme leur tâche.

On ne peut en charger qu'un être complexe, un
conseil composé d'éléments opposés. Voici quelle en
est la théorie : elle comprend deux choses, la composition de l'assemblée, ses agents — puis les matières dont elle s'occupe.

La composition du conseil des prud'hommes ne
peut se faire d'une manière arbitraire. Il faut que
chaque partie intéressée puisse y trouver des sympathies, un soutien. Ainsi deviendra impossible le sa-
crifice d'une position, d'un intérêt, à un autre, et
régnera entre tous les droits l'égalité la plus parfaite.

Le conseil doit donc se composer d'ouvriers et de
patrons en nombre égal. Fondé sur le principe électif, les membres en seront élus par les patrons et les
ouvriers réunis.

Chaque industrie aura dans chaque chef-lieu de canton son conseil de prud'hommes ; en outre, on formera un comité supérieur des prud'hommes à Paris.

Les matières soumises aux conseils de prud'hommes mériteront tous leurs soins ; elles consistent :

A fixer le minimum du salaire. Nous avons démontré que cette mesure ne présentait aucun inconvénient.

A surveiller la concurrence, de manière à ce qu'il ne se produise aucun fait nuisible ou honteux. L'apposition d'une marque de fabrique sur toutes les productions, sera exigée.

A régler les différends entre patrons et ouvriers, par des décisions empreintes du caractère de la fraternité.

A observer les opérations de la banque ; si les patrons versent régulièrement la part due de leur bénéfice annuel au bureau de prêt et secours. A cet effet, le conseil déléguera vers la banque deux de ses membres.

A délivrer des livrets aux patrons et aux ouvriers.

Le comité supérieur des prud'hommes constitué à Paris, est chargé de présenter des projets de décrets au gouvernement, sur les besoins généraux du commerce et du travail. Il se tient au courant du prix de revient à l'étranger et règle ainsi la concurrence avec l'étranger. En France, il donne une des bases du minimum du salaire.

Nous avons achevé d'indiquer le but et le caractère de nos conseils de prud'hommes et de nos banques. Nous espérons amener par là une amélioration sensible dans le sort des travailleurs ; peut-être verra-t-il ainsi disparaître de l'industrie ces écueils formidables, où venait se briser son existence. L'avidité du capital comprimée, la concurrence réprimée dans ses excès, voilà ou tendaient nos efforts. S'ils sont impuissants, nous aurons la consolation d'avoir agi dans une pensée que nous croyons sage.

Nous proposons donc le projet de décret suivant :

PROJET DE DÉCRET

de l'association entre les Travailleurs, et du Capital avec les Travailleurs.

Art. 1ᵉʳ. Nul capital ne pourra employer les travailleurs sans être associé avec eux dans les bénéfices.

2. Nul travailleur ne pourra employer le capital, sans lui donner la part de bénéfice qui lui est due.

3. Il sera dit ultérieurement comment le bénéfice doit être attribué au capital et aux travailleurs.

Organisation des Prud'hommes.

Conseil supérieur.

4. Il sera établi à Paris un Conseil supérieur des Prud'hommes composé de 30 membres.

5. Ses fonctions seront rétribués par l'État.

6. Ces membres seront élus par les Conseils de Prud'hommes réunis.

7. Ce Conseil supérieur sera composé moitié d'ouvriers, moitié de patrons retirés.

8. Ses fonctions sont : 1° De donner des renseignements sur le prix de revient à l'étranger ; 2° D'étudier les besoins généraux du commerce et de l'agriculture, et de présenter des projets de loi au gouvernement.

Conseil des Prud'hommes.

9. Il sera créé dans chaque chef-lieu de canton, pour chaque industrie, un Conseil de Prud'hommes, composé d'un nombre de membres limité par les besoins de l'industrie.

10. Ce Conseil sera composé d'un nombre égal d'ouvriers et de patrons.

11. Tout membre du Conseil soit ouvrier, soit patron, est élu par les ouvriers et les patrons.

12. Les fonctions en sont gratuites.

13. Leur durée sera de trois ans. Les membres seront rééligibles chaque année par tiers.

14. Les Conseils des Prud'hommes auront pour fonctions : 1° De juger les différends entre les ouvriers et les patrons.

2° De fixer, chaque année, le minimum de salaire affecté à chaque classe d'ouvriers.

3° De nommer les directeurs des banques industrielles et de surveiller les opérations des banques.

4° De délivrer des livrets aux patrons et aux ouvriers. Ces livrets seront exigibles pour les secours en cas de maladie et de chômage;

5° Il sera attaché à chaque Conseil de Prud'hommes un nombre de secrétaires déterminé par les besoins du service, ces secrétaires seront rétribués;

6° Il pourra être créé dans chaque localité, ou il en sera besoin, des Conseils de Prud'hommes secondaires et qui seront subordonnés à celui établi au chef-lieu de canton.

Des Banques industrielles.

15. Il sera créé dans chaque département, et à mesure qu'on le pourra par chaque industrie, une Banque industrielle.

16. Cette banque se divisera en trois bureaux, dits : le premier de secours, de retraite et de prêt; le second de chômage, le troisième d'escompte.

Bureau de Secours, Prêt et Retraite.

17. Les fonds du premier bureau se composeront d'une part de bénéfice net, chaque capital devra verser dans un bureau un septième de ce bénéfice.

18. Le versement sera constaté par le directeur de la banque sur un registre, que le commerçant sera

tenu de lui présenter. Ce registre ne sera autre que celui sur lequel le commerçant fera son inventaire annuel.

Bureau de Chômage.

19. Les fonds du second bureau se composent de versements faits chaque semaine par le travailleur sur sa solde.

20. Ces versements sont de 25 centimes par travailleur.

21. Ils se font entre les mains d'un percepteur.

22. Il y aura un percepteur par commune, nommé à l'élection par les ouvriers.

23. Le percepteur portera chaque semaine le montant des recettes à la banque.

24. Les ouvriers sans ouvrage, dans chaque commune, s'adresseront à lui, pour en avoir. Il leur indiquera les maisons où ils pourront en trouver.

25. Si on ne peut leur en donner, le chômage sera indiqué sur le livret de l'ouvrier.

26. Le percepteur lui remettra dans ce cas une somme équivalente au minimum du salaire, prise sur les deniers à ce destinés, et donnés par la banque.

27. Le percepteur est donc tenu d'avoir trois registres, l'un de recettes, l'autre de fabricants pouvant donner de l'ouvrage; le troisième, des sommes payées aux ouvriers chômant.

Bureau d'Escompte.

28. Les fonds du bureau d'escompte se feront au moyens d'emprunts volontaires.

29. Il sera payé aux prêteurs de capitaux un in-térêt de 4 pour 0|0, plus deux septièmes de bénéfices de l'escompte, faits dans l'année.

30. Le capital sera remboursable à des époques déterminées.

Paris. — Typographie de Wittersheim, 8, rue Montmorency.